SOCIÉTÉ DE GÉOGRAPHIE DE LILLE

# À TRAVERS
# L'ESPAGNE & LE PORTUGAL

CONFÉRENCE

*faite à la Société de Géographie de Lille le 27 Février 1890*

PAR

G. DE BEUGNY D'HAGERUE

Membre correspondant

LILLE
IMPRIMERIE L. DANEL

1890

# A TRAVERS
# L'ESPAGNE & LE PORTUGAL

## CONFÉRENCE
*faite à la Société de Géographie de Lille le 27 Février 1890,*

PAR

### G. DE BEUGNY D'HAGERUE,
Membre correspondant.

Extrait du Bulletin de la Société de Géographie de Lille (Août 1890).

LILLE,
IMPRIMERIE L. DANEL.
—
1890

# A TRAVERS L'ESPAGNE & LE PORTUGAL

*Conférence*
faite à la Société de Géographie de Lille le 27 Février 1890,

Par G. DE BEUGNY D'HAGERUE,
Membre correspondant.

Mesdames, Messieurs,

C'est la seconde fois que j'ai l'honneur d'être appelé par notre Président à entretenir la Société de Géographie des souvenirs et des impressions que j'ai rapportés d'un voyage que j'ai fait, à la fin de l'été dernier, en Espagne et en Portugal.

Dans ma première conférence, j'ai tenu à vous parler d'abord de ce qui m'avait le plus vivement frappé : des monuments arabes. Mais le sujet était si intéressant et demandait de si longs développements, que j'ai dû laisser toute autre chose de côté.

Cette autre chose, c'était l'Espagne toute entière ; sa géographie, son aspect général, le caractère de chacune de ses provinces, tous ses monuments, autres que ceux des Arabes, ses habitants, leurs mœurs et leurs coutumes, en un mot, l'Espagne telle qu'elle est aujourd'hui. C'est cette lacune que je vais essayer de combler ce soir.

L'Espagne a une configuration géographique unique au monde. En effet, entourée de tous côtés par la mer, sauf l'étroit passage défendu par les Pyrénées, de quelque côté qu'on l'aborde, on ne peut pénétrer dans l'intérieur qu'en franchissant une ceinture de montagnes, après lesquelles on trouve un immense plateau, élevé de 7 à 800 mètres au-dessus du niveau de la mer.

Ce vaste plateau central est entouré de toute part de terres peu élevées qui sont fertilisées par les eaux descendant des montagnes. Cette configuration explique comment le climat, les productions et même le caractère des habitants varient essentiellement d'une province à l'autre. C'est ce que nous constaterons du reste en parcourant les diverses provinces du pays.

Arrivant par la ligne de Bordeaux à Bayonne, nous entrons en Espagne par Irun. La voie, passant entre les derniers contre-forts des Pyrénées et l'Océan, traverse une contrée pittoresque et gracieuse, bientôt nous arrivons en face de St-Sébastien, le Trouville de l'Espagne. Assise au fond de sa baie, au pied de riantes collines, elle est, pendant la belle saison, le rendez-vous de toutes les élégances espagnoles et mêmes françaises.

A partir de St-Sébastien, nous commençons à gravir un de ces remparts dont je vous parlais tout à l'heure, ce sont les monts Cantabriques. Le paysage devient sévère, partout des montagnes, des rochers, des forêts; on longe des torrents, on passe au-dessus de sombres ravins, puis on finit par atteindre le pittoresque et sauvage défilé de Pancorbo, et enfin on arrive à Vitoria.

Il semble que les habitants de cette ville aient voulu réaliser le vœu du philosophe ancien qui demandait que toutes les maisons fussent de verre. A Vitoria, toutes les façades, celles du moins tournées vers la gare, car je n'ai pas vu les autres, ne sont composées que de fenêtres; c'est du haut en bas une immense verrière. Je ne me rends pas bien compte de l'utilité de cette disposition architecturale; mais il est certain qu'elle donne à la ville un aspect étrange et très désagréable à l'œil.

A Miranda nous traversons pour la première fois l'Ebre, puis nous entrons dans la vieille Castille et nous arrivons enfin à Burgos.

Burgos passe pour la ville la plus froide de l'Espagne; le fait est que nous nous y trouvions en plein mois d'août, à un moment où il faisait dans toute l'Europe une chaleur torride, et que nous ne pouvions pas sortir sans pardessus. Burgos, autrefois capitale de la vieille Castille, n'a conservé aucun monument de son ancienne splendeur; c'est une ville grande, bien bâtie, mais qui n'arrêterait guère le voyageur étranger, si elle n'avait à lui offrir sa merveilleuse cathédrale, le chef-d'œuvre de l'architecture gothique en Espagne.

*Projections.*

C'est, vous le voyez, un monument qui à l'extérieur peut supporter la comparaison avec les plus beaux édifices gothiques des pays du Nord. Au-dessus du portail sont deux tours surmontées de leurs flèches, puis en arrière, au-dessus du transept, s'élève une troisième tour d'une très grande richesse architecturale. Vue de l'intérieur, elle apparaît comme un dôme lumineux, placé au-dessus des voûtes et qui jette dans l'édifice des torrents de clarté.

Ces dômes sont très rares dans l'architecture gothique et, pour ma part, je ne m'en rappelle qu'un second exemple, celui de la cathédrale de Cantorbéry en Angleterre.

L'intérieur de la cathédrale de Burgos est un entassement de richesses artistiques, sculptures, peintures, dorures, travaux de serrurerie, et l'étranger peut y passer plusieurs heures de suite sans se lasser d'admirer.

Burgos est la patrie du Cid. On voit son tombeau dans une des salles de l'Ayuntamiento, — mairie —; mais dans le vestibule de la salle Capitulaire, une dépendance de la cathédrale, l'on voit, accroché à la muraille, un vieux coffre que l'on appelle le coffre du Cid. La tradition prétend que le Cid, se préparant un jour à une algarade sur le territoire musulman, se trouva manquer absolument d'argent ; il remplit alors le coffre de pierres et le donna à un juif, en garantie d'une forte somme, en lui laissant croire qu'il était plein de joyaux et de pierreries. Il faut avouer que si l'histoire n'est pas fausse, les Juifs de l'époque du Cid étaient plus naïfs que ceux d'aujourd'hui.

On ne quitte pas Burgos sans faire au moins une excursion à la Chartreuse de Miraflorès, où l'on va admirer, dans la chapelle du couvent, deux tombes royales.

Jamais, dans aucun pays, ni en Allemagne, ni en France, ni en Italie, je n'ai vu tombe de marbre aussi magnifiquement dessinée ni aussi finement sculptée.

On montre également, dans une des chapelles du couvent, une statue de saint Bruno, attribuée, à tort ou à raison, à Alonzo Cano. Elle est en bois et peinte comme presque toutes les statues espagnoles. On prétend que Napoléon, de passage à Burgos, l'a longuement admirée. Ce n'est pas une statue, aurait-il dit, c'est un être vivant, il me semble l'entendre parler.

Après Burgos, nous nous arrêterons un instant à Valladolid, qui fut longtemps la capitale des deux Castilles réunies, et qui garde encore de nombreux souvenirs de son ancienne grandeur. C'est à Valladolid qu'on peut le mieux se faire une idée de ce qu'étaient les villes espagnoles au moyen-âge.

Nous commençons bientôt à gravir les pentes de la Sierra de Guadarama, et après avoir traversé la montagne nous arrivons dans le pays le plus désolé du monde, des collines arrondies, où il semble ne pousser que des pierres, tandis que devant nous s'étendent à l'infini les plaines poudreuses de la nouvelle Castille.

Nous sommes à l'Escurial. C'est là que se dresse cette sombre création du sombre génie de Philippe II, géant de pierre, mastodonte de granit, dont les Espagnols ont voulu faire la huitième merveille du monde, en lui donnant, bien entendu, la première place.

J'ai visité l'Escurial dans tous ses détails, j'ai vu ses façades grises et nues, ses cloîtres, ses galeries, ses cours, son église, sa bibliothèque ; tout y est grand, royal si l'on veut, mais triste et froid comme le génie de l'homme qui l'a créé. Mais ce qui m'a le plus vivement frappé, c'est l'appartement de Philippe II.

Tout le monde sait que Philippe II, pour perpétuer le souvenir de la bataille de St-Quentin, gagnée le jour de St-Laurent, avait fait vœu d'élever un monument à l'honneur du martyr. Ce monument devait être en même temps un couvent et une résidence royale. Il avait ordonné à ses architectes de lui donner la forme d'un gril, en souvenir du saint ; mais en même temps il leur avait dit qu'il voulait pour Dieu un palais et pour le Roi une chaumière, *una casita*.

On monte à l'appartement de Philippe II par un long et étroit escalier en granit, et, par un étroit corridor où deux personnes peuvent à peine passer de front, on arrive à l'appartement royal. C'est une chambre de dimension moyenne, dont les murs, comme ceux du corridor et de l'escalier, sont blanchis à la chaux ; le carrelage est en briques rouges ; pour tous meubles, un fauteuil en cuir, d'une simplicité presque rustique, une petite table, sur laquelle est un chandelier de fer, et une petite chaise pliante sur laquelle le Roi posait sa jambe malade. Derrière le fauteuil, est accroché au mur en guise de dais, une tenture noire, assez grossière, sur laquelle est brodé l'aigle à deux têtes de la maison d'Autriche, et au-dessus pend un grand Crucifix d'ivoire. A côté, une porte entr'ouverte laisse voir un réduit sombre, qui n'a d'autre ouverture que la porte et une petite fenêtre donnant sur l'église, c'était la chambre à coucher du Roi. De son lit il pouvait voir le maître-autel.

*Projections de l'Escurial et de la chambre de Philippe II.*

De l'Escurial à Madrid, le paysage change absolument, sans cependant cesser d'être triste. Plus de montagne; mais une plaine sablonneuse, s'étendant en tous sens et à perte de vue. On ne se douterait pas qu'on approche de la capitale d'un grand état. En effet, Madrid n'avait jamais été, et ne devait jamais être, qu'une ville de troisième ordre, quand un caprice de Philippe II, aussi bizarre que celui qui lui avait fait choisir l'emplacement de l'Escurial, en fit la capitale de l'Espagne. C'est une assez belle ville; mais son origine relativement moderne fait qu'elle n'a point de monuments anciens. On y voit quelques belles rues, d'agréables promenades, mais rien de caractéristique, rien qu'on ne puisse rencontrer dans toutes les grandes villes d'Europe et même du Nouveau-Monde. Je ne parlerai pas du Manzanarès et de son beau pont de Tolède, sur lesquels on a fait tant de plaisanteries, entre autres celle-ci : qu'il faudrait vendre le pont pour acheter une rivière. Le fait est que le Manzanarès coule au fond d'un large et profond ravin et que, s'il n'a pas d'eau en été, il grossit assez à l'époque de la fonte des neiges pour justifier l'utilité du pont bâti par Philippe II.

C'est sur le bord du ravin du Manzanarès que s'élève le château royal, construction moderne, réellement magnifique par son architecture, ses vastes dimensions et sa position pittoresque.

En face du château, dans un vieux bâtiment, se trouve l'Arméria, le plus splendide musée d'armures du monde. Il renferme une collection d'armes anciennes, aussi précieuses par leur beauté et leur richesse, que par les souvenirs historiques qui s'y rattachent.

Madrid possède encore une collection dont la réputation est universelle, c'est son musée de peinture.

On a dit que c'était le plus beau du monde, c'est peut-être exagéré, mais en tous cas, il peut soutenir la comparaison avec les plus riches galeries de peinture d'Europe. Il possède un très grand nombre de Rubens, de Raphaël, de Titien, de Van Dyck, en un mot, des plus grands maîtres italiens et flamands, et cela n'a rien d'étonnant; puisque les rois d'Espagne ont été longtemps souverains des Pays-Bas et d'une partie de l'Italie. Mais ce que j'ai surtout admiré au musée de

Madrid ce sont les maîtres de l'école espagnole ; spécialement Murillo, qui y a un grand nombre de toiles magnifiques, et surtout Vélasquez qui y a presque tout son œuvre, à tel point qu'on peut dire que l'on ne connaît pas le grand maître de l'école espagnole, quand on n'a pas visité le musée de Madrid.

Avant de quitter Madrid, je veux vous montrer le palais royal et la *Puerta del Sol.*

*Projections.*

Comme vous le voyez, la *Puerta del Sol* est plutôt un carrefour qu'une place ; c'est là qu'aboutissent les principales rues, c'est le cœur, l'âme de Madrid. Des deux rues que vous apercevez dans le fond, l'une, celle de gauche, est la *Calle de Arenal*, l'autre est la *Calle Mayor*. C'est dans cette rue que l'on montre aux étrangers une vieille maison, le palais de *Los Lugares*, qui a servi de prison à François Ier, quand il fut amené à Madrid, après avoir été fait prisonnier à Pavie. Mais Charles-Quint, ne l'y croyant pas assez bien gardé, le fit transporter à l'Alcazar, aujourd'hui ruiné et sur l'emplacement duquel s'élève le palais royal que je vous ai montré tout à l'heure.

Saint-Simon, qui a visité la dernière prison de François Ier, en fait une très curieuse description : c'était une petite chambre, au 3e étage, elle n'avait qu'une seule fenêtre, donnant du côté du ravin et garnie d'énormes barres de fer. On ne pouvait y parvenir qu'en traversant trois autres chambres, fermées toutes trois par des portes massives, toutes bardées de fer et gardées par des hommes de confiance qui répondaient du prisonnier sur leur tête ; de plus un bataillon tout entier, veillait nuit et jour sur le prisonnier, pour rendre impossible toute tentative d'évasion.

Le fait est qu'en tout temps un prince prisonnier a été un hôte bien gênant à garder. Et Charles-Quint a fini par être forcé de rendre la liberté à son captif, sans avoir obtenu aucun des avantages qu'il se promettait de sa détention, et le Roi est sorti de sa prison, non seulement sans avoir rien perdu de son prestige, mais grandi par le malheur.

Il est bien certain que François Ier, à qui l'histoire est en droit de faire plus d'un reproche, n'aurait pas conservé devant la postérité le prestige de chevalerie qui s'est attaché à son nom, s'il n'avait pas été le prisonnier de Charles-Quint. Et s'il a pu dire en rendant son épée à Pavie : Tout est perdu fors l'honneur, il a pu ajouter en quittant Madrid : Tout est sauvé avec l'honneur.

J'ai parlé trop longuement dans ma première conférence de Tolède (1) pour y revenir aujourd'hui, et malgré tout l'intérêt que présente cette ville, une des plus curieuses de l'Espagne, je vous demande la permission de vous conduire immédiatement en Portugal.

Le Portugal est un pays qui, à plusieurs titres, est particulièrement intéressant pour nous en ce moment.

D'abord, je ne puis pas oublier que notre très aimable Président en est le représentant officiel à Lille ; ensuite je suis heureux de rappeler que la jeune reine de Portugal est une princesse de sang français ; enfin je sais que la France et les Français y sont sincèrement aimés. J'en ai eu plus d'une preuve, pendant les quelques jours que j'ai employés à le parcourir, et comme la générosité de notre caractère national nous porte à nous intéresser aux faibles opprimés par les forts, toute la France fait en ce moment des vœux pour ce petit pays qui sent lourdement peser sur ses épaules la griffe du Léopard Britannique. Je ne sais comment se terminera ce différent international, ou plutôt je sais très bien que l'Angleterre, de par le droit du plus fort, trouvera le moyen de s'annexer quelques lieues carrées des territoires africains qui, en bonne justice, appartiennent à ses voisins. Mais je doute que cette acquisition de territoire, au centre de l'Afrique non civilisée et presque impénétrable, puisse compenser les pertes sérieuses auxquelles elle s'expose.

Les Portugais, et toute leur histoire le prouve, ont très profondément enraciné dans le cœur le sentiment patriotique, et sachant bien qu'ils seront contraints de céder à la violence, ils se disposent à s'en venger, en formant une immense association de patriotes décidés à ne plus rien acheter aux Anglais. Cela pourra coûter aux honorables gentlemen de Liverpool et de Manchester quelques jolies tonnes d'or chaque année, et j'espère que le commerce français saura saisir l'occasion et en détournera une bonne partie à son profit.

Cependant la locomotive nous emporte à travers les plaines de la nouvelle Castille. A cette époque de l'année surtout, où toutes les récoltes sont enlevées, on ne peut rien rêver de plus triste que ces immenses terrains plats, nus, gris et presque déserts ; où on ne voit que de loin en loin un village composé de quelques chaumières, et quelles chaumières ! Cela dure ainsi de longues heures, puis nous entrons dans l'*Estramadure*, dont l'aspect n'est guère plus riant.

---

(1) Voir Bulletin de mars. Tome XIII, page 194.

Près d'*Abrantès*, nous traversons, pour la seconde et dernière fois, le Tage. Il a ici deux ou trois cents mètres de largeur et coule au fond d'un profond ravin, large de plus d'un kilomètre. La voie passe sur un pont qui relie les deux rives du ravin ; la vue qu'on a du haut de ce pont est splendide. Sous nos pieds nous voyons couler le fleuve, qui serpente entre deux rives vertes et boisées et va se perdre à l'horizon lointain ; tandis que sur les crêtes se dessinent les silhouettes d'Abrantès et de plusieurs autres villages. C'est un de ces tableaux qu'on n'oublie jamais.

La ligne suit maintenant le cours du fleuve, dont elle ne s'éloignera un instant que pour s'en rapprocher aussitôt. Nous entrons en Portugal et l'aspect du pays nous apparaît complètement changé. Autant il était tout à l'heure triste et désolé, autant il est maintenant gracieux et riant.

D'un côté, c'est le fleuve, grand, large, majestueux ; de l'autre, ce sont des collines ou de gracieuses vallées, plantées d'orangers, de citronniers et de grenadiers ; nous commençons à voir les eucalyptus qui, en douze ou quinze ans, atteignent la taille des grands arbres ; nous voyons aussi pour la première fois le long de la voie, des aloès en fleurs. De coquets villages, des maisons de campagne, quelques châteaux, viennent égayer le paysage et nous annoncent l'approche d'une grande ville. Enfin nous arrivons à *Lisbonne*.

La capitale du Portugal nous apparaît sous le plus charmant aspect ; bâtie sur une série de collines, le long du Tage, percée de grandes rues bien bâties, avec un grand nombre de places, de promenades et de beaux édifices, elle serait citée partout comme une belle ville ; mais ce qui double et triple son prix, c'est sa situation sur les bords du Tage. Nous disons *Tage* pour nous conformer à l'usage ; mais, en réalité, ce que nous avons devant nous est un véritable bras de mer. La preuve en est que, plus de dix lieues avant d'arriver à Lisbonne, on voit, le long de la voie, une immense étendue de marais salants. L'estuaire du Tage a, par endroits, jusqu'à quinze kilomètres de large ; en face de Lisbonne, il se rétrécit pour laisser voir, comme fond de tableau, les gracieuses collines sur lesquelles s'étagent Bareiro et vingt autres charmantes localités. J'ai vu la baie de Naples et je me demande si celle de Lisbonne ne la surpasse pas encore en grâce et en beauté.

Lisbonne jouit en outre d'un climat exceptionnel. Abritée des vents du Nord par une série de collines, elle ne connaît pas le froid, et d'autre part, la brise de l'Océan vient y tempérer les chaleurs de l'été. Aussi me disais-je que, si j'étais condamné à m'expatrier, Lisbonne est une des villes où j'aimerais mieux vivre.

*Projections de la ville et du port.*

Le monument le plus curieux de Lisbonne, ou pour mieux dire, le seul monument ancien de la ville, — car il ne faut pas oublier qu'elle a été presque entièrement détruite par le tremblement de terre de 1757, — c'est le couvent de *Bélem*, le St-Denis du Portugal. L'église et le cloître en sont les parties les plus remarquables. L'architecture de Bélem est une sorte de gothique bâtard, particulier au Portugal, très fleuri, un peu maniéré, souvent d'un goût douteux ; mais qui n'est pourtant pas sans mérite et sans grâce.

Mais pour avoir une idée complète de cette architecture toute spéciale, il faut pénétrer dans l'intérieur du Portugal, où l'on en trouve un grand nombre de spécimens les plus curieux, notamment à *Batalha* et à *Thomar*. Une des caractéristiques de ce style, c'est d'employer les attributs de navigation et spécialement le cordage comme ornements. Les portes, les fenêtres sont entourées de ces cordages sculptés dans la pierre, se tordant, se nouant, se renouant, s'enroulant et formant une décoration très originale. Quelquefois ils sont remplacés par des guirlandes de fleurs, très vigoureusement et très finement fouillées, dont l'effet est très riche et très gracieux.

*Projections de Bélem, de Batalha et de Thomar.*

On ne quitte pas Lisbonne sans faire une excursion à *Cintra*. Cintra est une petite ville qui doit son animation au château que les rois de Portugal habitent une partie de l'été. Mais ce qui y attire surtout les étrangers, c'est le curieux rocher au pied duquel elle est construite. Ce rocher est une masse granitique, isolée au milieu d'une immense plaine ; il peut avoir à sa base, 7 à 8 kilomètres de longueur sur 6 ou 7 de largeur et une hauteur d'environ 1,200 mètres. Il se dresse à pic de tous les côtés et serait absolument infranchissable sans l'existence d'une gorge dans laquelle on a réussi à tailler d'abord un sentier, puis une véritable route qui, de lacets en lacets, gagne le sommet.

Quand on a fait environ les trois quarts de l'ascension, on arrive à une cime secondaire, sur laquelle se dressent les ruines d'un vieux château maure. Rien n'est curieux comme de suivre ses parapets, ses courtines, qui montent, descendent, en suivant tous les caprices de la roche, entremêlés de tours, d'échauguettes, de guérites, qui s'accrochent à toutes les pointes et surplombent le précipice. La vue que l'on a du haut de ces remparts est déjà splendide, mais nous continuons à monter, et nous arrivons au château *da Penha,* — la Cime. — Ce château, bizarre construction, due au caprice d'un des derniers rois du Portugal, est un fantasque assemblage de tous les styles d'architecture connus, depuis le dôme de la Renaissance, recouvert en plomb doré, jusqu'aux tours gothiques, surmontées de leurs créneaux et de leurs machicoulis, et faisant face à des minarets arabes. Si ce château peut être critiqué au point de vue de l'art, il faut reconnaître qu'au point de vue du pittoresque il n'a peut-être pas son pareil au monde.

Lorsque l'on monte au sommet du dôme, le point le plus élevé de l'édifice, on voit d'abord se dérouler autour de soi tout le massif du rocher, dont les rebords se hérissent de pointes ardues qui semblent un rempart de Titan ; tandis qu'au centre se blottit une verte vallée où, au milieu d'une véritable forêt, s'abritent de merveilleux jardins. Et enfin, si le regard se porte au loin, on découvre partout la plaine, s'étendant verte et ondulée, jusqu'aux extrémités de l'horizon, et jusqu'à l'Océan.

En descendant du château, on traverse les jardins, ravissant Eden, entretenu avec un soin méticuleux ; et ce que l'on a peine à comprendre, c'est que, sur cette roche isolée, se trouvent des fontaines et un grand nombre de pièces d'eau, et de plus les jardins sont tellement bien abrités contre le froid par les rochers qui les entourent, que nous y avons vu pousser en pleine terre, non seulement le bananier et le latanier, mais même la fougère arborescente de Madagascar.

*Projections de Cintra et du château da Penha.*

De Lisbonne à Porto la route traverse presque continuellement de gracieuses et riantes vallées, dont la verdure annonce la fécondité.

Porto est construit à l'embouchure du Douro, sur le penchant d'une colline abrupte : c'est une ville gracieuse, mais qui n'a guère d'importance que par son commerce. Ce qui m'y a le plus frappé c'est le pont sur le Douro. La rivière coule au fond d'un immense ravin, que le chemin de fer devait franchir pour entrer en ville. La largeur de ce ravin est de 167 mètres et sa profondeur d'environ 100 mètres ; mais ce qui compliquait la difficulté, c'est que le fond était mouvant, et que pour arriver à atteindre la roche, sur laquelle on aurait pu établir des piliers, il eût fallu s'enfoncer à 40 mètres en dessous du niveau de la rivière. C'est alors qu'un Français, l'ingénieur Eiffel, qui a immortalisé son nom par la tour que tout le monde connaît, eut l'idée de franchir l'abîme par une seule arche en fer, de 167 mètres de diamètre. Cette arcade, qui a servi de type à celles de la Galerie des Machines, passait encore, il y a quelques années, pour le chef-d'œuvre de la construction en fer.

Mais le temps me presse ; nous allons revenir sur nos pas pour rentrer en Espagne par *Badajoz*.

Quelques heures suffisent pour visiter cette vieille ville, demi-arabe, demi-gothique, construite sur le penchant d'une colline, et dominée par les ruines d'un vieux château. Nous passons devant *Mérida*, qui, sous la domination arabe, fut l'une des plus populeuses et des plus importantes cités de l'Espagne, et qui n'est plus aujourd'hui qu'une misérable bourgade.

Depuis que nous sommes rentrés dans l'*Estramadure*, le paysage a repris son aspect pauvre et triste. D'immenses plaines de sable gris, alternant avec des bois d'olivier ou de chêne liège. Depuis Badajoz, la voie est défendue de chaque côté, soit par des haies d'aloès, soit par des remparts de cactus raquettes, tout couverts de leurs fruits ; on se croirait transporté dans les plaines d'Afrique.

A la petite station d'*Almorchon*, nous quittons la ligne de Mérida à Madrid, pour prendre celle de Belmès. Cette ligne, construite pour desservir les mines de charbon, traverse toute la Sierra Morena. Pendant plusieurs heures, nous ne voyons que des rochers ; mais enfin nous atteignons le point culminant et, par une gorge sauvage et des plus pittoresques, nous descendons en *Andalousie*.

Je ne vous parlerai ni de *Cordoue* ni de *Grenade*, puisque j'ai consacré à ces deux villes plus de la moitié de ma première conférence ; et nous partirons immédiatement pour *Malaga*.

Nous voyageons maintenant en pleine Andalousie. C'est le jardin de l'Espagne ; la terre y est fertile ; ici plus de ces plaines à perte de vue, le terrain est plus mouvementé, les cours d'eau sont moins rares, et partout une luxuriante végétation ; mais une végétation tout africaine. Nous commençons à voir les touffes de palmiers nains qui poussent à l'état sauvage, et dont les cultivateurs ne se débarrassent qu'avec grand'peine. Aux stations on vient nous en offrir. Les Espagnols sont assez friands du palmier nain ; ils mangent l'extrémité du pédoncule des jeunes feuilles non encore épanouies, à peu près comme nous mangeons l'artichaut. J'ai voulu en goûter, je lui ai trouvé un goût de noisette assez agréable. Bientôt nous arrivons au pied de la *Sierra de Ronda*; nous la franchissons par un défilé très pittoresque et un peu effrayant, auquel les Espagnols ont donné le nom significatif de *El Hoyo*, — le trou.

Le défilé franchi, le paysage change encore; nous sommes dans la *Huerta de Malaga*, pays riche et excessivement fertile. Au milieu des vignes sont semées de tous côtés de jolies maisons de campagne, entourées d'orangers et de palmiers; de tous côtés nous apercevons des raisins qui sèchent, ils sont étendus dans de grands cadres en bois, et exposés aux rayons du soleil, des toiles enroulées sont destinées à les protéger pendant la nuit contre les rosées.

Je comptais m'embarquer à Malaga, pour Gibraltar et Tanger, malheureusement le bateau que je devais prendre était parti la veille. Je ne sais si cet incident désagréable m'avait indisposé contre Malaga, mais le fait est, qu'à part son vieux château de Gibelfaro, construit par les Maures, et qui sert aujourd'hui de caserne, je n'y ai rien trouvé de caractéristique, et, dès le lendemain de notre arrivée, nous partions pour *Grenade*, par une chaleur de 45 degrés à l'ombre, et de Grenade nous prenions la route de *Cadix*.

*Projections de Malaga et Gibraltar.*

A partir d'Utrera, nous commençons à voir les grandes plaines où paissent les *ganaderias*. Ce sont les troupeaux de vaches et de taureaux spécialement destinés au combat.

Nous en voyons quelques-uns qui sont enfermés dans des champs entourés de barrières; on nous explique que ce sont des *toros bravos*, c'est-à-dire des taureaux de cinq à six ans, qui sont devenus des animaux dangereux. Le fait est, que pour tout autre que leurs gardiens habituels, ce serait une grave imprudence de pénétrer dans l'enceinte où ils sont enfermés.

D'immenses champs de vigne, admirablement cultivés, nous annoncent l'approche de *Xérès*, jolie petite ville; mais qui n'a guère d'autres monuments à montrer aux étrangers que ses immenses et magnifiques *bodégas*, — magasins de vins. —

A peine avons-nous dépassé Xérès, que nous arrivons sur le bord de la baie de Cadix. Avant d'arriver à *Puerto Santa Maria*, nous apercevons déjà *Cadix*, de l'autre côté de la baie, qui semble une île au milieu de la mer. Cadix, en effet, est bâtie sur un rocher en pleine mer, et n'est reliée à la terre que par une bande de sable, d'une lieue de long, et qui n'a pas toujours cent mètres de large. On ne peut rien rêver de plus charmant que le trajet de Puerto Santa Maria à Cadix : la voie, forcée de suivre les contours de la baie, décrit presque les trois quarts d'un immense cercle, pendant lequel on ne perd presque jamais la mer de vue. On passe à *Puerto-Réal*, à *San Fernando*, à *Chiclana*, et enfin la locomotive se lançant sur l'étroite chaussée, semble entraîner le train au milieu de la mer, dont les flots, dans les gros temps, couvrent souvent la voie. Elle s'arrête enfin, et nous sommes à Cadix.

Cadix, par sa position, devait être et a toujours été une cité commerçante ; elle avait pourtant autrefois une rivale redoutable dans Séville, qui a possédé longtemps le privilège du commerce des Grandes Indes ; mais l'ensablement des bouches du *Guadalquivir* ayant, depuis longtemps déjà, fait obstacle à la navigation des gros navires, c'est Cadix qui a profité de tout ce qu'a perdu sa rivale ; et elle est aujourd'hui, après Barcelone, le port de commerce le plus important de toute l'Espagne. C'est une ville charmante, bien bâtie, très propre, et si l'espace restreint sur lequel se pressent ses maisons ne lui permet d'avoir, ni larges rues, ni vastes places, elle a fait de ses remparts une charmante promenade, charmante surtout quand elle est animée par les nombreux essaims de jeunes femmes, qui sont, avec celles de Séville, les plus jolies de l'Andalousie, et peut-être du monde entier.

*Projections.*

Pour quitter Cadix, au lieu de revenir par le chemin de fer, nous prendrons une barque qui nous fera traverser la baie et nous déposera sur les rivages de *San Lucar*, à l'embouchure du Guadalquivir, et là nous prendrons le bateau à vapeur qui nous conduira à *Séville*. J'ai longuement parlé de Séville dans ma première conférence, je vous demanderai cependant la permission de nous y arrêter encore un instant. Je ne voulais pas quitter l'Espagne sans avoir vu une course de taureaux, et d'après tout ce que je savais de ce genre de spectacle, c'était en Andalousie que je voulais le voir. Comme je me trouvais un dimanche à Séville, et qu'une course était annoncée pour ce jour-là, je m'y rendis. Beaucoup de personnes qui m'écoutent ont vu les courses de taureaux qui ont été données à Paris, pendant le temps de l'Exposition, et le succès que ces courses ont obtenu prouve qu'elles ont plu, au moins jusqu'à un certain point, au public français. Malheureusement il y a, entre ces courses et celles qui se donnent en Espagne, une différence capitale : Ce que l'on a vu à Paris, c'est un joli spectacle : une vaste enceinte, avec un public nombreux, des acteurs en élégants costumes, tout pailletés d'or et d'argent, qui font assaut de grâce et de légèreté, autour d'un taureau qu'on taquine un peu et qu'on finit par renvoyer à l'écurie. Je dois vous avouer que nos voisins d'au-delà des Pyrénées sourient de pitié à la pensée que nous ayons pu trouver le moindre intérêt à un semblable spectacle. C'est, qu'en effet, il y manque la seule chose qui les intéresse : la lutte véritable, le sang, la mort. L'Espagnol ne commence à s'intéresser à la course que quand le taureau a éventré trois ou quatre chevaux, que l'on voit tomber pantelants sur le sol, ou emmener les entrailles pendantes à terre. Si le taureau en éventre davantage, alors la course est notée par les *aficionados* comme très intéressante.

Puis, quand le taureau est bien fatigué, bien harcelé, que les banderillas l'ont rendu à moitié fou de douleur, et que les *chulos*, en le provoquant de tous côtés à la fois, ont achevé de rendre complètement idiote cette pauvre brute; alors arrive la *Spada* qui, par un coup longuement étudié, lui plante une épée entre les deux épaules.

Si la *Spada* est de première force, le pauvre taureau tombe foudroyé du premier coup; mais le plus souvent vous le voyez s'éloigner, emportant avec lui l'épée enfoncée dans ses chairs, et rougissant le sable de son sang, et ce n'est qu'après plusieurs coups semblables que la pauvre bête succombe enfin. J'ai assisté à la course toute entière, et je vous affirme que je n'ai éprouvé qu'un seul sentiment : celui d'un immense et profond dégoût.

Je vous disais tout à l'heure, que ce qui plaît aux amateurs espagnols, c'est le sang, c'est la mort. Le jour où j'assistais aux courses de Séville, le spectacle se terminait par deux courses portugaises. Dans ces courses, le taureau est *embolado*, c'est-à-dire que des boules sont attachées au bout de ses cornes. La course commence à peu près comme pour la course espagnole ; on agace le taureau avec des mantas, on lui applique des banderillas, mais les *banderilleros*, au lieu de se jeter de côté, se laissent tomber à plat ventre, et le taureau, emporté par son élan, saute au-dessus d'eux. Puis apparaît une troupe de sept hommes, portant un costume spécial, et dont le rôle est, non pas de tuer le taureau, mais de le rendre immobile. Ils commencent par l'entourer, puis, à un moment donné, le chef de la bande s'élance sur la tête de l'animal, lui tombe à plat ventre entre les cornes, et de ses deux bras lui serre le cou. Vous devinez que le taureau le secoue de la jolie manière ; mais au moment où l'homme s'est élancé sur la tête de l'animal, ses six compagnons se sont jetés tous ensemble sur lui et l'enserrent si bien, que la pauvre bête est instantanément rendue immobile.

En Portugal, le taureau est alors renvoyé au toril ; mais à Séville, un homme s'avance et vient frapper d'un coup de poignard, au haut de la tête, ce pauvre animal, qui ne peut plus faire un mouvement ; et les amateurs de course sont contents, le taureau est tombé foudroyé ; il est tué.

A la seconde course portugaise, les choses se sont passées mieux ; quand le taureau eût été immobilisé, la course était finie, le peuple avait le droit d'envahir l'enceinte. Mais il fallait que le taureau mourût ; et nous avons vu plus de deux cents hommes franchir les barrières et courir, le couteau ouvert et levé, pour avoir l'insigne bonheur de donner le coup de la mort à cette pauvre bête sans défense.

Eh bien, je vous le déclare, je fais les vœux les plus sincères pour que de semblables mœurs ne s'introduisent pas en France.

Chaque espagnol, pris individuellement, se vante d'être *Christiano Viéjo*, — vieux chrétien. — Ce titre, dont il est très fier, veut dire qu'il n'a pas de sang arabe dans les veines. Malheureusement le fait est aussi rare que la prétention est commune ; surtout en Andalousie, où il suffit de voir le peuple de près pour constater les traces ineffaçables qu'a laissées la longue domination arabe.

Tous les guides recommandent aux étrangers de ne pas quitter l'Andalousie sans avoir visité une des *escuelas de baïles* (académies de danses).

A l'époque de notre voyage, ces établissements étaient fermés ; mais l'interprète de l'hôtel nous offrit de nous conduire à un café chantant, en nous promettant un spectacle bien plus curieux que celui d'une escuela, où en vérité nous ne verrions que des danses de théâtre. Je dois vous prévenir d'abord que dans les cafés chantants de Séville, on ne chante pas ; mais on y danse ou plutôt on y regarde danser. La salle est occupée par un petit théâtre au fond duquel sont assises, rangées en demi-cercle, une douzaine de femmes, dont un grand nombre sont des gitanas.

A un moment donné, l'une d'elles se lève, s'avance sur le bord de la scène et, quelquefois au son d'une mauvaise guitare, le plus souvent sans autre musique que les battements de mains de ses compagnes, elle exécute, au grand enthousiasme du public andalou, une danse absolument arabe, ayant une grande ressemblance avec la fameuse danse du ventre. — Les jambes, quand elles ne sont pas immobiles, se bornent à des petits pas de droite à gauche et de gauche à droite ; tandis que les hanches, le torse et les bras se contorsionnent en cadence.

Quand le mouvement, qui était lent au début, commence à s'animer, les compagnes de la danseuse et le public l'encouragent par le cri de *hôlé !* qui est espagnol ; mais bientôt l'animation redouble, le public bat la mesure avec les mains, et l'on entend les femmes crier d'une voix suraiguë le *ia ia* des femmes arabes. Du reste, il est à remarquer que toutes les danses espagnoles, même celles du nord, diffèrent essentiellement de celles des autres peuples de l'Europe. En France, par exemple, on danse pour le plaisir de danser ; que ce soit dans un bal des plus aristocratiques, ou dans une guinguette de village, les couples remplissent toute la salle et s'occupent fort peu de la galerie, s'il y en a une. En Espagne, au contraire, dans un bal, populaire ou autre, les danseuses ne dansent que chacune à leur tour ; le plus souvent avec un cavalier, mais quelquefois seules, elles exécutent une de ces célèbres danses nationales si connues, sous les regards et aux applaudissements de toute l'assemblée.

La fabrique de tabac de Séville est une des plus considérables du monde ; elle occupe cinq mille ouvrières pour la confection des cigares et des cigarettes.

On obtient facilement la permission de visiter ses ateliers. Dans d'immenses salles, vous apercevez d'abord quatre, cinq, six rangées de tables, devant lesquelles sont assises des femmes dont les doigts agiles fabriquent avec une incroyable dextérité, les puros ou les papelitos. La plupart sont encore jeunes, beaucoup très jolies, on y trouve le plus pur type andalou, à côté de la gitana, et parmi elles les grands yeux arabes ne sont pas rares. A cause de la chaleur, elles ne sont vêtues que d'un jupon et d'une chemise et à l'entrée des salles pendent à des clous leurs autres vêtements, au milieu desquels brillent en grand nombre les crêpes de Chine aux longues franges et aux couleurs éclatantes ; car, pour posséder un crêpe de Chine aux grandes fleurs et aux oiseaux brodés sur un fond clair, une cigarière andalouse se condamnerait à vivre pendant six mois de pain et d'eau.

Mais ce qui donne un cachet tout particulier à ces ateliers, c'est le grand nombre d'enfants qu'on y voit. Autrefois, ils n'y étaient pas admis et il arrivait souvent que la mère, pour ne pas abandonner son enfant, était condamnée à la misère. Maintenant, au contraire, que la présence de ces petits êtres est tolérée, vous voyez à côté d'un grand nombre d'ouvrières, une boîte qui fait penser à la crèche du petit Jésus, dans cette crèche un charmant baby vêtu d'une chemise, ou à peu près, et dormant de ce radieux sommeil de l'enfance que l'on ne peut regarder sans lui sourire et l'envier. Et si vous vous arrêtez devant un de ces babys qui vous a semblé plus joli encore que les autres, la mère se redresse heureuse et fière, en vous disant : *Es mio*, il est à moi, et elle le prend pour vous le présenter et solliciter pour lui une caresse.

Il est temps enfin de quitter l'Andalousie pour nous acheminer vers l'est de l'Espagne. Reprenant le chemin de fer de Madrid, nous remontons la vallée du Guadalquivir, nous passons devant *Cordoue* et nous continuons à nous avancer vers l'est jusqu'à *Monjibar*; puis nous tournons brusquement vers le nord et, à *Las-Navas-de-Tolosa*, nous sommes au pied de la *Sierra-Moréna* que nous allons franchir, en nous engageant dans le défilé de *Despena-Perros*, le plus sauvage et le plus pittoresque de tous les défilés de l'Espagne et peut-être de toute l'Europe.

En 1212, les Maures, maîtres encore de près de la moitié de l'Espagne, avaient juré de reconquérir la Castille ; de son côté le roi Alonzo s'avançait avec une armée chrétienne pour repousser les Musulmans ; mais il avait à peine 100,000 hommes sous ses ordres, tandis que l'armée ennemie comptait plus du double de combattants ; et ce qui rendait plus critique la situation des chrétiens, c'est que les Maures s'étaient emparés de tous les passages de la montagne. Mais un pâtre chrétien vint trouver le roi dans son camp, il connaissait, lui, un passage inconnu aux Maures, il s'offrait à guider le roi et lui promettait de lui fournir le moyen de surprendre l'armée musulmane et de la tailler en pièces. Sous la conduite du pâtre, l'armée chrétienne passe par les défilés inconnus, et au lever du jour, vient surprendre le camp arabe établi dans la plaine de Las-Navas-de-Tolosa et la dernière des grandes armées musulmanes en Espagne est taillée en pièces. En même temps l'arrière-garde d'Alonzo tombait sur les Maures qui occupaient les hauteurs et les précipitait dans l'effroyable ravin que nous traversons et auquel depuis ce jour on a donné le nom de Despena-Perros, littéralement *culbute-chiens*. Il paraît que si les Musulmans se plaisent à nous donner le nom de cet animal, les Espagnols ne se faisaient pas faute de leur en renvoyer l'injure. Aussitôt après avoir franchi la Sierra-Moréna, nous entrons dans la *Manche*, un des plus pauvres pays de l'Espagne, qui ne doit sa célébrité qu'aux aventures de Don Quichotte.

Nous passons à *Argamasilla*, patrie de Cervantès ; c'est là que le célèbre écrivain a composé, au fond d'une prison, la première partie de son livre.

A *Alcazar*, nous changeons encore de direction et nous nous dirigeons vers *Alicante*. La ville en elle-même offre peu d'intérêt ; mais à deux lieues plus au sud, se trouve le village d'*Elché* qui ressemble à une oasis saharienne, transplantée en Espagne. Elché est entourée d'une véritable forêt de palmiers qui a plus d'une lieue carrée d'étendue. Ces beaux arbres africains fournissent, comme ceux de San-Remo, sur la frontière italienne, des palmes pour les cérémonies de la semaine sainte à toutes les villes d'Espagne et même d'Italie ; mais là ne s'arrête pas la production utile des palmiers d'Elché, grâce à sa position au pied des montagnes, le climat d'Elché est assez chaud pour y mûrir les dattes et les habitants les vendent en concurrence avec celles du Sahara.

Nous allons maintenant revenir sur nos pas jusqu'à *la Encina*, où nous prendrons la ligne de Valence. Quand on a parcouru pendant de longues journées les plaines tristes et à demi-désertes du centre de l'Espagne, c'est avec un véritable ravissement qu'on en parcourt la côte orientale.

D'Alicante à Valence, et même bien au-delà, jusqu'à Tarragona, la voie traverse une des plus riches plaines du monde. L'eau descendant de toutes les montagnes voisines est captée et répandue par des milliers de canaux, de manière à irriguer toutes les terres ; aussi, des deux côtés de la voie, ne voit-on que des rizières, d'immenses bois d'orangers et des cultures maraîchères et autres, dont les jardins les mieux soignés de nos pays ne peuvent même pas donner une idée. Cette terre, riche en humus, chauffée par un ardent soleil et fécondée par des eaux abondantes, produit partout plusieurs récoltes chaque année. Aussi, tandis que dans le centre on n'aperçoit, que de loin en loin, un misérable village, dont l'aspect triste et pauvre inspire la pitié ; dans ces splendides *huertas* d'Alicante et de Valence, les villes et les villages aux coquettes constructions se succèdent pour ainsi dire sans interruption, et dans la plaine s'élèvent en plus de tous côtés de jolies maisonnettes entourées d'orangers et de grenadiers, au milieu desquels se dresse presque toujours un palmier.

Ces riches et admirables cultures protestent contre l'accusation de paresse qu'on jette un peu trop légèrement à la race espagnole. Il est bien difficile à un peuple dont les besoins sont très limités de donner des soins minutieux à un terrain aride et ingrat ; mais ici les Espagnols prouvent que, quand ils peuvent espérer que la nature leur paiera leurs efforts, ils savent aussi bien que d'autres ne ménager, ni leurs sueurs, ni leurs fatigues.

Après nous être reposés une grande journée dans la gracieuse et jolie ville de *Valence*, nous continuons à remonter vers le nord, toujours au milieu de ces ravissants jardins, et bientôt les montagnes se rapprochant, le chemin de fer longe la mer. Rien de ravissant comme d'apercevoir les flots bleus de la Méditerranée par delà les vertes récoltes ou à travers le feuillage des orangers et des palmiers.

Vers *Tarragone* l'aspect du pays change, la montagne, qui laisse à peine à la voie un passage entre la mer et elle, nous présente partout ses silhouettes sévères et le paysage ne reprend un peu de gaieté qu'aux environs de Barcelone.

Barcelone est, après Madrid, la ville la plus importante d'Espagne, elle en est même la capitale commerciale, c'est une belle ville et même une très belle ville ; mais d'une beauté toute moderne ; aussi ne peut-elle pas arrêter longtemps le touriste. Elle a cependant le droit de s'enorgueillir de sa *Rambla* qui est unique au monde. La Rambla est une promenade qui, partant du port, coupe la vieille ville en deux parties ; elle a 1,500 mètres de long ; elle se compose d'une très large allée bitumée, bordée d'une double rangée d'arbres et de chaque côté un chemin de voiture, le long desquels s'élèvent les plus belles maisons, les plus beaux édifices de la ville. Ce qui fait le cachet spécial de la Rambla, c'est l'animation dont elle jouit pendant toute la journée et une partie de la nuit. Depuis le lever du jour jusqu'après minuit, une foule considérable ne cesse jamais de la parcourir et cette foule de gens affairés, de promeneurs et d'oisifs, toutes ces femmes aux élégantes toilettes, parlant et gesticulant avec cette vivacité particulière aux races du Midi, donnent à la Rambla une gaieté et un cachet tout particulier.

*Projections du port de Barcelone et de la Rambla.*

On ne quitte pas Barcelone sans faire une excursion à *Montserrat*. Montserrat est, après Saragosse, le lieu de pèlerinage le plus célèbre de toute l'Espagne. On va en chemin de fer jusqu'à *Monistrol* et là, dans de lourds omnibus attelés de six mules, commence une ascension qui ne dure pas moins de quatre heures. La route monte en lacets le long des flancs d'une montagne qui s'élève presque à pic au-dessus de la plaine ; enfin l'on arrive dans une gorge des plus sauvages, au fond de laquelle sont le monastère et l'église. Quand on peut donner plusieurs jours à l'excursion, on visite plusieurs ermitages situés sur le haut de la montagne et d'où l'on découvre un panorama incomparable. Quand le temps est clair, on voit d'un côté la Méditerranée, au nord les Pyrénées dominées par le Kanigou et le pic de la Maladetta, à l'ouest les plaines de l'Aragon et au sud les monts de Tarragone.

En descendant des hauteurs poétiques de Montserrat, nous reprenons la route de France où nous rentrons par Cerbère et le Roussillon, et maintenant encore, dans les froides brumes de notre Nord, nous aimons à nous rappeler les deux mois passés dans cette terre demi-africaine d'Espagne.

Lille Imp. L. Danel.

www.ingramcontent.com/pod-product-compliance
Lightning Source LLC
Chambersburg PA
CBHW060932050426
42453CB00010B/1974